Philipp Giegel   Ein Bild der Schweiz   Une image de la Suisse

D1699378

Philipp Giegel

Ein Bild der Schweiz
Une image de la Suisse

Texte / textes: Niklaus Ramseyer, Marcel Schwander
Einführung / introduction: Esther Woerdehoff
Übersetzung / traduction: Christian Viredaz

Herausgegeben von Esther Woerdehoff im Benteli Verlag, Bern
Collection dirigée par Esther Woerdehoff aux Editions Benteli, Berne

Inhalt / Sommaire

Philipp Giegel

Ein Fotograf schafft ein Bild der Schweiz

Esther Woerdehoff

Philipp Giegel, Jahrgang 1927, wuchs als jüngstes von drei Kindern eines Holzbildhauers in Zürich auf. Nach der Rekrutenschule als «Fliegersoldat» (so die offizielle Bezeichnung für Soldaten im Fotodienst der Fliegertruppe) und nach einer dreijährigen praktischen Berufslehre bei H.G.Metzig, einem Spezialisten für technische Aufnahmen und damals bekannt als Turn- und Sportfotograf, besuchte er den Vorkurs für Fachklassen an der Kunstgewerbeschule Zürich. 1948 trat er in die Fotoklasse der Kunstgewerbeschule ein, wo er sich bis Ende Jahr als Assistent des Hauptlehrers Hans Finsler weiterbildete.

In der Schule war Philipp Giegel schon früh durch seinen sicheren Umgang mit dem Material aufgefallen. Er war ein Perfektionist. Das muss Hans Finsler an dem jungen Mann gefallen haben; Perfektion war die richtige Voraussetzung für jene Art von Sachfotografie, wie sie Hans Finsler, der von der Schule des Bauhaus herkam, seit der Gründung der «Photoklasse» 1932 an der Kunstgewerbeschule in Zürich bis zu seinem Weggang 1957 gefördert hatte. Philipp Giegel ist sein Leben lang ein Tüftler geblieben. Er ist ein Meister der klassischen Komposition; ein Grafiker in der Bildgestaltung und ein Techniker in der Dunkelkammer.

Zwölf Jahre vor Philipp Giegel hatte Werner Bischof die «Ausbildungsklasse für Photographen» an der Kunstgewerbeschule Zürich abgeschlossen. Wie viele seiner jüngeren Kollegen verehrte auch Philipp Giegel diesen grossen Fotografen wegen seinen Sachaufnahmen und Bildreportagen, ohne sich jedoch dessen Bildsprache anzueignen. Philipp Giegel blieb der Sachfotografie von Hans Finsler verpflichtet. Erste eigene Beispiele von Philipp Giegel sind das berühmt gewordene Bild «Tanzender Stiefel» (entstanden 1954 im Casino Montreux) und «Künstlerball Zürich» von 1953. Finsler nannte solche Fotos «fixierte Bewegung».

Mit der Empfehlung seines Lehrers konnte sich Philipp Giegel bei Siegfried Bittel, dem Direktor der «Schweizerischen Zentrale für Verkehrsförderung», wie die Schweizerische Verkehrszentrale SVZ damals hiess, vorstellen. Am 1. Januar

1949 trat er die Stelle zu einem «monatlichen Anfangsgehalt von 500 Franken und einer Probezeit von 6 Monaten» an. Seine Aufgabe, so sah es der Vertrag vor, bestand «zur Hauptsache im Kopieren und Vergrössern, eigene fotografische Aufnahmen» waren «nur ausnahmsweise» gestattet.

Kopiert und vergrössert hat er in der Folge auch. Aber damals wusste Philipp Giegel noch nicht, dass damit beruflich eine fast lebenslange Fahrt begann, die ihn kilometermässig umgerechnet mehrmals um die Welt führte und auf der er als Fotograf der SVZ ein Image und der touristischen Schweiz ein Bild gab. Über 50 seiner Fotoplakate werben weltweit für das Ferien- und Reiseland Schweiz. Sechs seiner 12 Weltformat-Strassenplakate wurden im jährlichen Wettbewerb vom Eidgenössischen Departement des Innern unter «Die besten Plakate des Jahres» mit Ehrenurkunden ausgezeichnet. Das witzige Plakat «Bergluft macht schlank» wurde auf Werbeimprimaten in fünfzehn Sprachversionen durch das Verteilernetz der SVZ millionenfach publiziert.

**Philipp Giegel
auf Reportage 1950**

Sämtliche in diesen Jahren entstandenen Aufnahmen von Philipp Giegel – abgesehen von den freien Arbeiten – stehen im Dienste der Tourismuswerbung. Es sind durchwegs positive Fotos, bei denen – selbst bei flüchtiger, schneller Betrachtung – die Bildgestaltung entscheidend ist für die Werbebotschaft. Aber die Schule von Finsler trug weit über das hohe handwerkliche Können hinaus ihre Früchte. So sind die Fotos nicht nur technische Werbeaufnahmen, sondern tragen immer

auch den persönlichen Stempel des Fotografen. Sie sind einmalig und unverkennbar. Alle verraten seine Fähigkeit, sich für das Schöne begeistern zu können, eine Gabe notabene, die er bis ins Alter bewahrt hat. «Es war immer meine Absicht, wahrheitsgetreu das Schöne und nur das Schöne zu zeigen. Deshalb bin ich nicht Fotoreporter geworden, sondern habe als Betätigungsfeld die Schweizer Landschaft und ihre Menschen darin gewählt. Hässlichkeit interessiert mich

Die Schweiz für die Jungen zwischen 70 und 7

**Werbeplakat 1969,
Foto und Gestaltung Philipp Giegel**

nicht», sagt der Fotograf über sich selbst. Das Schöne erschaut er mit dem Herzen, die fotografische Umsetzung geschieht über die ästhetische Durchgestaltung mit Lichteinfall, Kontrasten, Strukturwirkung, Perspektive, Form, optischer Unschärfe und Unschärfe durch Bewegung. Meist beschränkt er sich auf wenige Tonwerte. Genauso wichtig wie die optische ist ihm die grafische Wirkung. Entscheidet er sich bei der Standortbestimmug des Fotos für einen bestimmten Bildaufbau, gehört es zu seinem Handwerk, diesen, wenn nötig, durch einen Ausschnitt nachträglich zu verbessern.

Wer sich näher mit der Landschaftsfotografie beschäftigt, ahnt, dass solch informative, zum grossen Teil zeitlose Dokumentaraufnahmen, wie sie Philipp Giegel geschaffen hat, nur durch ständiges Studium und Beobachten der Natur in den verschiedenen Jahreszeiten und Wetterlagen zustandekommen. Beruflich und ideologisch erfüllte der Fotograf seine Aufgabe darin, das Ferienland Schweiz in all seiner Vielfalt als unvergesslich schönes, oft überwältigendes Bild zu zeigen.

Um das zu schaffen, hat er mitunter auch grosse Strapazen auf sich genommen: 43 Jahre lang brach er mehrmals in der Woche auf, oft, wegen der langen Anfahrtszeiten, mitten in der Nacht, um auch in der eisigsten Kälte die jeweils 15 bis 20 Kilogramm schwere Fotoausrüstung auf einen entlegenen Aussichtspunkt zu schleppen. Er hatte keinen Assistenten – höchstens von seiner Frau Hedy liess er sich mitunter begleiten, die das Auto fuhr, damit sich der Fotograf ganz auf Motiv und Standort konzentrieren konnte. Oder sie hielt in den oft abgelegenen Tälern der Alpenwelt Ausschau nach einem Nachtlager, während der Fotograf das letzte Abendlicht für seine Arbeit nutzte. Mittels einer konstruierten Prototyp-Einrichtung von zwei auf einer Schiene parallel zueinander montierten Rolleiflex SLX-Kameras mit synchronisierter Auslösung gelang es ihm, zwei Bilder gleichzeitig herzustellen, eines als Farbdia und eines als Schwarzweissnegativ.

Doch wenn die Natur nicht will, ist alle Mühe umsonst. Man kann sich leicht vorstellen, dass Philipp Giegel, von seinen Perfektionsansprüchen gedrängt, oft immer wieder denselben günstigen Fotostand aufsuchte, bis sich am Horizont die Wolken richtig formiert und auf die schneebedeckten Hänge die richtigen Schatten geworfen hatten. «Bildgestaltung», resümiert Philipp Giegel, «ist ein Prozess, der sich während eines ganzen Lebens abwickelt.»

Philipp Giegel

Le tour du monde en vingt-trois cantons

Esther Woerdehoff

Cadet des trois enfants d'un sculpteur sur bois, Philipp Giegel, né en 1927, a grandi à Zurich. Après son école de recrues sous l'uniforme de «soldat aviateur» (ainsi désignait-on à l'époque les soldats du service photographique des troupes d'aviation), et un stage de trois ans chez H.G.Metzig, spécialiste en prises de vue techniques, réputé alors comme photographe sportif, il entre à la Kunstgewerbe-schule de Zurich, d'abord au cours préparatoire puis, en 1948, à la «classe de photo» de Hans Finsler, dont il sera l'assistant jusqu'à la fin de l'année.

En classe, Giegel se fait très tôt remarquer par la sûreté avec laquelle il manie le matériel. C'est un perfectionniste. Voilà qui a dû plaire à Hans Finsler: la perfection était le préalable essentiel pour le genre de photographie objective que cet ancien du Bauhaus a toujours promu à l'Ecole des arts et métiers de Zurich, depuis l'ouverture de sa «classe de photo» en 1932 jusqu'à son départ en 1957. Perfec-tionniste, tatillon même, Philipp Giegel l'est resté toute sa vie. Maître de la com-position classique, il se fait graphiste pour la mise en image, technicien dans la chambre noire.

Douze ans avant Philipp Giegel, Werner Bischof achevait sa formation dans la même classe que lui. Comme nombre de ses confrères plus jeunes, Giegel s'inspi-rera de l'exemple du grand photographe et l'admirera pour ses reportages et l'objectivité de ses images, sans pour autant faire sien son langage visuel. Il restera fidèle à la photographie objective de son maître Hans Finsler. Les premiers exem-ples de la manière Giegel sont la «Bottine dansante», une image devenue célèbre saisie en 1954 au Casino de Montreux, et le «Bal des artistes à Zurich» de 1953. Finsler appelait ce genre d'images «mouvements fixés».

Muni de la recommandation de son maître, Philipp Giegel se présente à Siegfried Bittel, directeur de l'Office central suisse du tourisme, comme s'appelait alors l'ONST, avant de devenir national. Il y est engagé dès le 1er janvier 1949, «avec un salaire mensuel initial de 500 francs et un temps d'essai de 6 mois». Sa tâche, telle

Le sujet de cette affiche a été photographié par Philipp Giegel en 1963

que la définit son contrat, consiste «principalement à copier et à agrandir, prendre personnellement des photographies» n'étant autorisé «qu'à titre exceptionnel».

Copier et agrandir, il l'a aussi fait par la suite. Mais ce que Philipp Giegel ne savait pas encore, c'est qu'il entamait là un trajet professionnel qui durerait presque toute sa vie et l'amènerait à parcourir plusieurs fois le tour de la Terre à l'intérieur des frontières, tout en donnant une image de marque à l'ONST et à la Suisse une image tout court. Plus de cinquante de ses affiches vantent aux quatre coins du monde les mérites de la Suisse paradis des vacances et du tourisme. Six de ses douze affiches format mondial ont été distinguées par le Département fédéral de l'Intérieur dans le cadre de son concours annuel «Les meilleures affiches de l'année», et l'une d'entre elles, la plaisante «Votre ligne...l'air des Alpes», diffusée à des millions d'exemplaires par l'ONST sous forme d'imprimés publicitaires, a fait le tour du globe en quinze langues différentes.

Toutes les photos prises durant ces années – si l'on excepte ses travaux personnels – ont servi la cause de la promotion touristique. Il s'agit toujours d'images parfaitement positives, dont la composition, même à un coup d'œil rapide et superficiel, est essentielle pour la clarté du message publicitaire. Mais l'enseignement de Finsler a porté ses fruits bien au-delà d'un remarquable savoir-faire artisanal. Les images de Philipp Giegel n'ont pas la simple perfection technique de clichés publicitaires, elles portent toujours l'empreinte personnelle du photographe. Uniques et reconnaissables au premier coup d'œil, elles trahissent toutes sa capacité de s'enthousiasmer pour la beauté. Un don qu'il saura conserver sa vie durant. «Mon intention a toujours été de montrer fidèlement le beau et rien que le beau», dit-il de lui-même. «C'est pour cela que je ne suis jamais devenu reporter, mais que j'ai choisi pour champ d'activité le paysage suisse et les gens qui y vivent. La laideur ne m'intéresse pas.» Le beau, il le voit avec le cœur et le traduit photographiquement en une minutieuse composition esthétique où concourent incidence de la lumière, contrastes, effets de structure, pespective, forme, flou optique ou bougé. Sa palette se limite le plus souvent à quelques dégradés. Mais l'optique n'est pas tout: le graphisme est pour lui tout aussi important. C'est pourquoi il n'hésite pas, pour améliorer la composition choisie au moment du cadrage, à couper la photo après le tirage, si necéssaire: cela fait, dit-il, partie du métier.

Qui s'intéresse de plus près au paysage, pressent que des clichés documentaires aussi informatifs et intemporels que ceux de Philipp Giegel ne peuvent s'obtenir

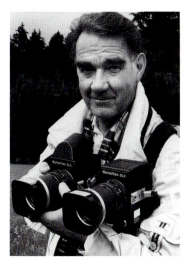

Philipp Giegel, en 1992, avec ses deux caméras montées sur un rail

qu'au prix d'une observation incessante de la nature dans ses différentes saisons et par tous les temps. Le photographe a rempli son mandat tant professionnel qu'idéologique en faisant ressortir dans toute sa diversité la beauté de la Suisse touristique, offrant d'elle, en une expression souvent grandiose, une image inoubliable.

Pour y parvenir, il ne s'est pas épargné les plus rudes fatigues: 43 ans durant, plusieurs fois par semaine, il s'est mis en route, souvent en pleine nuit à cause de la longueur des trajets, trimballant même par le pire des froids de canard ses 15 à 20 kilos de matériel jusqu'à un point de vue à l'écart des chemins battus. Il travaillait sans assistant, se faisant tout au plus accompagner de temps à autre par sa femme Hedy: pendant qu'elle conduisait, il pouvait se concentrer entièrement sur le motif à prendre et l'endroit d'où le saisir. Ou alors, elle explorait du regard les vallées écartées et désertes des Alpes suisses à la recherche d'un abri pour la nuit, tandis que son mari profitait des dernières lueurs du crépuscule pour son travail. Un dispositif inédit lui permettait de prendre deux images à la fois, une diapositive couleurs et un négatif noir-blanc: il avait monté en parallèle sur un rail deux caméras Rolleiflex SLX, qu'il actionnait simultanément avec un seul déclencheur.

Mais quand la Nature ne veut pas, tous les efforts restent vains. On s'imagine aisément Philipp Giegel, poussé par son besoin de perfection, revenir jour après jour sur le même emplacement favorable, jusqu'à ce qu'enfin les nuages prennent à l'horizon la forme qui convient et projettent sur les pentes enneigées l'ombre qu'il fallait. «La composition de l'image», résume Philipp Giegel, «c'est quelque chose qui se développe toute la vie.»

Sicht vom Säntis auf die Churfirsten und die Alpen. 1961

Coup d'œil sur les Churfirsten et les Alpes depuis le sommet du Säntis

Berner Oberländer in der Skiausrustung aus vergangener Zeit. 1963

Skieur oberlandais équipé à l'ancienne

Paar-Eiskunstlaufmeister. 1964

Patinage artistique en couple: les champions

Langläufer bei La Brévine im Neuenburger Jura. 1983

Skieurs de fond dans la vallée de La Brévine (Jura neuchâtelois)

Pferderennen auf dem zugefrorenen St.Moritzersee. 1967

Course de chevaux sur la neige et la glace du lac de Saint-Moritz

Schweizerische Skiclubmeisterschaft im Slalom bei Klosters-Parsenn. 1952

Championnat suisse des clubs de ski à Klosters-Parsenn: le slalom

Eisschaulaufen in Flims. 1968

Patinage artistique, à Flims

Vor dem Eishockey-Match in Arosa. 1982

Echauffement avant le match de hockey, à Arosa

Massenstart am 2. Engadiner Skimarathon. 1969

La masse des concurrents au départ du 2e marathon à skis de l'Engadine

Zürcher Seegfrörni am 3. Februar 1963

Le lac de Zurich saisi par la glace, le 3 février 1963

Die Rhätische Bahn im Albulatal. 1970

Les Chemins de fer rhétiques dans la vallée de l'Albula

Die Rhätische Bahn auf dom Langwies-Viadukt der Chur-Arosa-Bahn, 1980

Sur le viaduc de Langwies, entre Coire et Arosa

Skispuren auf Engstligenalp, Adelboden. 1980

Traces de ski sur l'Engstligenalp, à Adelboden

Auf der Abfahrt von der Lagalb. 1970

Descente sur la piste de Lagalb

Pferderennen auf dem gefrorenen Obersee in Arosa. 1955

Course de chevaux sur l'Obersee gelé, à Arosa

Kunstturner am Turnfest beim Reckabgang, 1962

Gymnaste à sa sortie de barre fixe

Der Schweizer Meister im Skisprung, Andreas Däscher. Gstaad 1956

Le champion suisse de saut à skis, Andreas Däscher, à Gstaad

Wettkampf an der Kletterstange. Sennen-Chilbi in Küssnacht am Rigi. 1955

Grimper au mât à la Kermesse des armaillis de Küssnacht/Rigi

Landsgemeinde in Hundwil in Appenzell-Ausserrhoden 1975

Landsgemeinde d'Appenzell Rhodes-Extérieures à Hundwil

Frauenturntag am Eidgenössischen Turnfest auf der Zürcher Allmend. 1955

Journée féminine à la Fête fédérale de gymnastique, sur l'Allmend de Zurich

An der Näfelser Fahrt Feier im Kanton Glarus 1956

Procession de Näfels/GL, le premier jeudi d'avril

Schlagschatten über dem Ackerfeld. 1979

Ombre portée sur champ labouré

Zaungäste am Start des ersten schweizerischen Heissluftballons, Rapperswil 1969

Resquilleurs au lâcher du premier ballon à air chaud suisse, à Rapperswil

Afrikanisches Spitzmaulnashorn im Züricher Zoo. 1956

Rhinocéros noir d'Afrique au zoo de Zurich

«Morgentoilette» in Schinznach Bad. 1956

«La toilette du matin» à Schinznach Bad

Winter in Zürich. 1955

Hiver à Zurich

«Holiday on Ice» im Zürcher Hallenstadion. 1962

«Holiday on Ice» au Hallenstadion de Zurich

Chilbibetrieb am Zürcher Knabenschiessen. 1948

Fête foraine lors du «Tir des garçons» de Zurich

Am Zürcher Künstlerball. 1953

Bal des artistes de Zurich

«Tanzender Stiefel» im Casino Montreux. 1954

«Bottine dansante» au Casino de Montreux

Am Löwenplatz Zürich. 1950

Rencontre à Zurich, Löwenplatz.

«Black and white» am Zürcher Hauptbahnhof. 1973

«Black & White», rencontre à la gare de Zurich

Bahnhofbuffet Zürich. 1973

Au buffet de la gare de Zurich

Nationales Motocross. Bülach 1966

Championnat suisse de motocross, Bülach

Relikte eines Fantasie-Rennens in St.Moritz. 1985

Restes d'un concours de fantaisie, à Saint-Moritz

In der Tremola, auf der Tessiner Seite der alten Gotthardstrasse. 1957

Dans la Tremola, sur le versant tessinois de l'ancienne route du Gothard

Zwischen Airolo und Nufenenpass. 1972

Entre Airolo et le col du Nufenen

Schlafkoje des «guet» auf dem Glockenturm der Kathedrale Lausanne. 1952

La petite cellule du guet sur la tour de la cathédrale de Lausanne

Bauernfamilie in Zollbrück im Emmental. 1958

Famille de paysans à Zollbruck, dans l'Emmental

Alpkäserei unter dem Naturdach eines Felsabbruchs im Val Bavona, Tessin, 1983

Fromagerie de montagne sous un pan de rocher dans le Val Bavona

In Ardez, Unterengadin. 1958

A Ardez, en Basse-Engadine

Appenzeller Senn führt seine Leitkuh auf die Schwägalp. 1960

Armailli appenzellois conduisant la reine du troupeau sur la Schwägalp

Im Hirzelgebiet, über dem Sihltal. 1958

Environs de Hirzel au-dessus de la vallée de la Sihl

Blick vom Moléson über die Waadtländer Alpen ins Mont-Blanc-Gebiet. 1968

Coup d'œil sur les Alpes vaudoises et le massif du Mont-Blanc depuis le Moléson

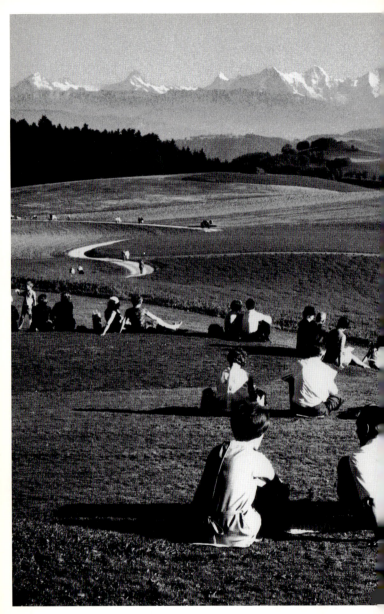

Blick in die Kette der Berner Alpen vom Gurten aus. 1966

Coup d'œil sur les Alpes bernoises depuis le sommet du Gurten

Fahnenschwinger und Alphornbläser auf dem Männlichen. 1977

Lanceurs de drapeaux et joueurs de cor des Alpes sur le Männlichen

Flugaufnahme der Eigernordwand. 1964

La paroi nord de l'Eiger, vue d'avion

Flugaufnahme des Matterhorns. 1964

Le Cervin, vu d'avion

Im Anflug über den firnigen Galletgrat auf das Doldenhorn. 1964

En survolant le névé du Galletgrat, en direction du Doldenhorn

Flugaufnahme der Faulhorn-Schwarzhorngruppe. 1964

Le Faulhorn et le Schwarzhorn, vus d'avion

Blick vom Hohen Kasten auf die Säntisgruppe. 1977

Vue depuis le Hoher Kasten sur le massif du Säntis

Berns Stallgeruch gegen Zürichs Kerosendampf

Niklaus Ramseyer

«Ich bi vo Züri», sagte die Nationalrätin, als sie erstmals nach Bern ins Bundeshaus kam. «Äs macht nüt», tröstete sie ihr Berner Parteikollege.

Es mag Zufall sein – typisch ist es dennoch: Zürichs Wappentier, der Leu, ist eigentlich ein Ausländer, ein Zugewanderter. Berns Bär hingegen ist durch und durch «ä Hiesige», wie man in der Bundesstadt sagt. Der Bär könnte als König der Schweizer Tiere bezeichnet werden, wäre nicht die Kuh die unbestrittene Königin. Sogar auf uralten Zürcher Grabsteinen konnten Archäologen das Wort «ursarii», Bärenjäger, entziffern.

Das Tier

Die Zürcher könnten den Mutz also durchaus auch im Wappen führen. So, wie es ist, ist es jedoch viel besser. Der arrogante Löwe passt als gefürchteter Herrscher der freien Wildbahn und «Challenger» jeglicher Konkurrenz, die da kreucht und fleucht, bestens zum Überlebenskampf, wie er in der Wirtschaftsmetropole an der Limmat vorherrscht.

Der nicht minder «redoutable» Bär mit seinem tapsigen Brummelgehabe entspricht viel eher bernischer Gelassenheit und Gemütlichkeit.

Bern und Zürich: Ist das wie Rom und Milano, wie Washington und New York? «Vom Ausland her betrachtet ist Bern oder Zürich doch alles derselbe Käse», sagt Benedikt Loderer, ein Berner, der seit 24 Jahren in Zürich lebt. «Die Berner sollten endlich aufhören, Zürich als eine Bedrohung anzusehen; dieser Komplex ist doch lächerlich.»

Die Beschäftigung

Er ist jedoch real und oft brutal: Wenn etwa das spanische Fernsehen «das Wetter in Europas Hauptstädten» ausstrahlt, flimmert dem frustrierten Berner Feriengast zusammen mit der Wetterlage in Paris, London und Rom ungeniert jene von Zürich entgegen. Von der Schweiz ins Ausland und zurück fliegen Bernerinnen und Berner meist via den internationalen Flughafen Zürich. Hier wabert der Kerosendampf der fernen weiten Welt, während dem Berner Flugplätzlein im Belpmoos immer noch ein wenig Stallgeruch anhaftet.

Was nützt es Bernern, dass sie eine europaweit bestaunte Eishockey-Grossmacht sind? Gefeiert, gefördert und gehätschelt wird im «Zürcher Fernsehen DRS» doch vorwiegend der meist medioker aufspielende ZSC. So jedenfalls sehen es viele Bernerinnen und Berner.

Schon 1986 hatte der frühere Zürcher Stadtpräsident und Nationalrat Sigmund Widmer festgestellt: «Im Laufe der letzten Jahrzehnte ist Zürich zum schweizerischen Medienzentrum geworden.» Wie recht er hatte, zeigt sich jetzt erst recht: Die grossen Zürcher Verlage sind daran, die grössten Berner Zeitungen aufzukaufen. Wichtige multinationale Firmen drängen derweil mit ihren Filialen derart nach Zürich, dass sich dort Kanton und Stadt jegliche Wirtschaftsförderung ersparen könnten. Kommt dann – angelockt durch Steuervergünstigungen und applaudiert durch unbedarfte Berner Politiker – doch endlich einmal ein ganz Grosser nach Bern, so entpuppt er sich prompt als Bankrottier: Werner K. Rey erleichterte die ahnungslosen Berner Staatsbanker mit seiner Omni Holding mühelos um über 100 Millionen Franken.

Die Skandale

Dabei sind Wirtschaftskandale eigentlich eine Zürcher Spezialität: Da wird kofferweise Drogen- und Waffenschiebergeld gewaschen, werden auf höchster Ebene Steuern hinterzogen oder Verwaltungsräte dubioser Firmen präsidiert. In Bern dagegen skandaliert es sich mit Vorliebe im politischen Bereich: Berner Potentaten finanzierten heimlich ihre Parteien oder ihre Günstlinge in den letzten Kolonien der ehemaligen Grossmacht Bern – im Laufental und im Jura. Kurzum: Zürich ist die unbestrittene Geld- und Geschäftsmetropole der Schweiz – Bern dagegen «nur» politische und diplomatische Hauptstadt.

Das allerdings hat seit Jahrhunderten Tradition: Während Bern als freie Reichsstadt seit dem 12. Jahrhundert systematisch seine Militärmacht ausbaute, sein Einflussgebiet ausdehnte und bald einmal das ganze Mittelland vom Genfersee bis nach Lenzburg kontrollierte, lavierten die Zürcher in der Sorge um ihre Geschäftsbeziehungen noch weit über das Mittelalter hinaus stets zwischen Österreich und der rasch erstarkenden Eidgenossenschaft hin und her.

Die Geschichte

Die Reformation verstärkte solche Unterschiede noch: Derweil Zürichs Zünfte und der asketische Gottesstaatler Huldrych Zwingli die Bevölkerung der aufstrebenden Stadt am See nachhaltig auf lustfeindliche Arbeitseffizienz und gottesfürchtige Geschäftstüchtigkeit trimmten, frönte Berns Oligarchie der «gnädigen Herren» immer noch dem Kriegshandwerk und herrenbäuerlicher Landwirtschaft.

«Ist doch die arbeyt so ein guot, götlich ding, verhuet vor muotwillen und lastren, gibt guote frucht», hatte Zwingli seinen Zürchern im 16. Jahrhundert gepredigt. Der nachmaligen Bundesstadt hingegen attestierte noch 200 Jahre später der Berner Chronist Rudolf Sinner: «Weil man im Allgemeinen nicht sehr beschäftigt ist, hat sich das gesellschaftliche Leben in Bern gut entwickelt; man widmet der Zerstreuung viel mehr Zeit als in andern Schweizer Städten.»

So wurde die Rollenteilung zwischen den beiden Grosskantonen mit ihren stolzen Hauptstädten schon früh vorgespurt. Zwinglis Geist und die Herrschaft der Zünfte schufen die Grundlage zur erfolgreichen Industrialisierung Zürichs. Die NZZ verbreitet in ihrer spartanisch-trockenen Aufmachung mit harten Business-News und wirtschaftsliberaler Ideologie noch heute täglich weltweit etwas asketischen Zürcher Zwingli-Geist.

Berns Bauern und gnädige Herren verschliefen die grundlegenden Umwälzungen der Industrialisierung dagegen mehr oder weniger. Politisieren, «militärlen» und die Knechte auf ihren Landgütern vor der Stadt vom Pferd herab herumkommandieren blieb noch bis ins 18. Jahrhundert hinein ihre Haupt- und Lieblingsbeschäftigung.

Die Politik

Zu seinem grossen Glück wurde Bern am 28. November 1848 die Bundeshauptstadt der Schweiz: Verwalten, politisieren und mit Diplomaten schwadronieren lag den Bernern viel mehr als produzieren, geschäften und spekulieren, wie man es in Zürich gewohnt war und ist. Die Zürcher hatten sich um die kapitale Ehre beworben, hatten sogar ein Bundeshaus geplant. Als politische Hauptstadt wäre Zürich zu wenig zentral gelegen und zu weit weg von der Romandie, befand die Bundesversammlung jedoch. Zum Glück auch für die Schweiz: Als Bundeshauptstadt wäre das ohnehin übermächtige Zürich für die «Restschweiz» schlicht unerträglich. Das Gespenst der «Verzürcherung» geht ohnehin schweizweit und vorab in der Romandie unvermindert um. Nachlassende Bedeutung der Öffentlichkeit und zunehmende Verökonomisierung des ganzen Daseins verschieben die Entscheidungsgewalt in fast allen Bereichen zusätzlich Richtung Zürich.

Die Stimmung

Der stolzen Stadt am Aarebogen bleibt immerhin die erhöhte Lebensqualität: «In Bern bin ich verwurzelt, hier gefällt es mir», sagt der renommierte Buchhändler Ulrich Riklin. «In Zürich könnte ich nicht mehr leben.» Riklin wuchs am Züriberg auf, er lebt und arbeitet jedoch seit über 20 Jahren in Bern. «Bern bietet viel mehr Lebensqualität, ist weniger hektisch als Zürich», urteilt er: «Von Bern aus bin ich viel schneller in der Natur und in den Bergen.»

Umgekehrt frotzelt der Berner Architekt Benedikt Loderer, der in Zürich die Zeitschrift «Hochparterre» herausgibt: «Wenn ich in Bern aus dem Zug steige, stinkt es einfach sofort nach Miststöcken und der BGB, die sich jetzt SVP nennt – das muss ich nicht mehr dauernd haben.» Loderer bleibt in Zürich, wie Riklin in Bern.

Die Kultur

Und kulturell? Verbleiben der Bundesstadt auf diesem Gebiet nicht einige wichtige Trümpfe? War etwa der berühmteste Schweizer Autor dieses Jahrhunderts, Friedrich Dürrenmatt, nicht ein Berner? Kommen die bekanntesten Rockmusiker der Schweiz, wie etwa Polo «National» Hofer, nicht aus dem Berner Land? Doch schon! Nur: Dürrenmatt sah seine weltberühmten Stücke auch lieber auf Zürcher als auf Berner Bühnen. Und die derzeit wohl bekannteste Berner Rockband nennt sich illusionslos «Züri West».

Wie Berns Amtsschimmel einer Käserei die Vehfreude vergällte

Niklaus Ramseyer

Es war einmal eine Käsereigenossenschaft im saftig-grünen Berner Mittelland. Zu dieser Genossenschaft hatten sich elf Bauern zusammengeschlossen, hatten mitten im Dorf eine Käserei gebaut, einen Käser angestellt und alsbald viele grosse, schwere Emmentaler Käse verkaufen können.

Gar manches Jahrzehnt lang ging das gut. Die Käshütte und der Käser wurden jedoch älter. Und älter wurden auch jene Menschen, die den harten Emmentaler Käse mitsamt seinen grossen Löchern lange gern gegessen hatten: ihnen schmeckten weichere Milchprodukte zunehmend besser. So begannen sich die Emmentaler Laibe im Käsekeller zu stapeln. Und als auch noch der alte Käser pensioniert wurde und die Genossenschaft verliess, da war die Not im Dorfe gross.

«Weichchäse, statt z'Chaub mache!»

«Mir finge doch für i die auti Chäshütte iche kei nöie Chäser», klagte der Genossenschaftspräsident, als sich die elf Bauern in der Dorfbeiz um eine Flasche sauren Most versammelt hatten, um zu beraten, was zu tun sei. «U überhoupt wot chum meh öpper dä cheibe Ämmetaler frässe!» Das sei schon so, pflichtete ihm ein anderer Bauer bei. Im neusten Zentralblatt des Milchverbandes habe er gelesen, die Regierung lege beim Verkauf von Emmentaler Käse jedes Jahr mehr als vierhundert Millionen drauf. In dieser Situation die alte Käserei im Dorf für fast eine Million zu renovieren, «wär äuä ender z'Chaub gmacht».

«Jä, de würde mer däich gschider öppe afa Weichchäs mache», schlug ein dritter Landwirt vor. Und er wusste auch schon wie: Man könnte doch die 2500 Liter Milch, welche die elf Bauern des Dorfes jeden Tag aus ihren 140 Kühen strupften, dem Weichkäser ein paar Dörfer weiter verkaufen. Der brauche nämlich mehr und mehr Milch; sein Weichkäse finde landauf landab reissenden Absatz. «Jä gäu», schloss er seine Rede: «Groggmössiöh oder Chäschüechli si nöierdings haut viu meh Mode aus Ämmitaler u Brot.» Die Bauernrunde nickte Zustimmung, man schenkte Most nach, zündete Stumpen und Pfeifen neu an. Und alsbald war der Vorschlag mit dem Weichkäse beschlossene Sache.

Der Weichkäser war erfreut über die zusätzliche Milch, die ihm gut gelegen kam – hatte der doch gerade einen neuen Kunden gefunden, der Weichkäse nicht mehr importieren, sondern bei ihm beziehen wollte. Er baute die Käserei im Dorf für wenig Geld zu einer Milchsammelstelle um, vermietete die Wohnung oben drin seinem Milchchauffeur. Der brachte die Milch vom Dorf jeden Morgen auf seinem Arbeitsweg mit in die Weichkäserei. Des Chauffeurs Frau betrieb tagsüber noch einen Dorfladen in der ehemaligen Emmentaler Käserei. Kurzum: Die neue Lösung diente allen. Im Dorf herrschte wieder eitel Freude – eine richtige Vehfreude in der Weichkäserei war das.

Berns Amtsschimmel schlägt aus und zu

Nur den Nachbardörflern wollte die schlaue Privatinitiative der Käsereigenossenschaft gar nicht gefallen. Blass vor Neid «si die missgünstige Cheibe uf Bärn uche ga gränne», wie die Weichkäsebauern später berichteten. Dort schlug der zuständige Schimmel im Amt für Milchwirtschaft kräftig aus und mit Papier und Tinte gnadenlos zu: «Ist die Käsereigenossenschaft somit gehalten, ihre Milch umgehend wieder zu hartem Emmentaler Käse zu verarbeiten», las der verdutzte Genossenschaftspräsident kurz darauf in einem eingeschriebenen Brief. Und die Berner Beamten drohten den Bauern: «Sollte obiger Verfügung nicht nachgekommen werden, sähe sich das Amt gezwungen, zu drastischen Massnahmen zu greifen.»

«E dr Heilandtonner hingere!» Der Brief aus Bern schlug im Bauerndörflein ein wie der Blitz in einen furztrockenen Heustock oder wie der Habicht in den Hühnerhof. «No vor em Mäuche» sassen die elf Bauern wieder zusammen. Und jetzt stand Bätziwasser auf dem Tisch – «Je dümmer die Cheibe z'Bärn obe düe, deschto sterchersch Züg muesch bi üs nide suuffe.» Zusammen mit dem Weichkäser erklärten die Bauern den Berner Beamten ihre Lage dennoch nüchtern und eingehend: Der Milchminister habe im Fernsehen doch erst kürzlich verkündet, das Land könne den Einzug ins Kommerzparadies Europa nur mit drastischem Abbau der Landwirtschaftssubventionen erkaufen, argumentierten sie in ihrem sauberen Brief. Das verlange mehr Beweglichkeit und Initiative und mehr marktgerechte Produktion. «Genau das mache mer doch jitz – warum zum Tüüfu wei si nis de zwinge, wider da cheibe Ämmitaler z'fabriziere?» So schüttelten die Bauern ihre Köpfe.

Wiederwahl wichtiger als Weichkäse

Sie nahmen einen Anwalt, prozessierten bis vors Bundesgericht nach Lausanne und klagten ihr Leid auch einem grossmundigen Bauernpolitiker. Dem waren seine Wiederwahl in den Nationalrat und ein Pöstchen beim Milchverband jedoch wichtiger als die Sorgen dieser Bauern. So half halt alles nichts: Das Amt blieb hart wie uralter Emmentaler Käse. Nach langem Hin und Her gestanden einzelne Beamte gar, es gehe eigentlich nur darum, dass die Bauern gehorchten und den vorgeschriebenen Käse machten – ganz gleich, ob er gegessen werde oder nicht. Und wenn sie nicht gestorben sind, so käsen sie für Hunderte von Steuermillionen heute noch.

Das Milchmärchen ist gar keines

Das wäre gewiss ein treffliches Märchen. Nur ist es keines! Die Geschichte hat sich nämlich fast genau so zugetragen im Jahre 1991 in Scheunenberg im Berner Land. Seit 1992 wird die Milch der elf Bauern nun wieder ordentlich zu Emmentaler Käse verarbeitet. Die Schweiz zahlt weiterhin fast eine halbe Milliarde Franken im Jahr zur Absatzförderung von Hartkäse. Der Weichkäseimport steigt derweil pro Jahr um etwa sieben Prozent. Und im Amt für Milchwirtschaft in Bern funktioniert die Verwaltung wie eh und je in bester Ordnung, getreu ihren drei sakrosankten Grundsätzen, die da lauten: «Das hei mer no geng so gmacht!», «Das hingäge hei mer no nie so gmacht!» und: «Da chönnt ä jede cho!»

Comment
les ronds-de-cuir bernois ont fait passer aux paysans du coin le goût du fromage

Niklaus Ramseyer

Il était une fois, dans le gras et verdoyant Mittelland bernois, une coopérative fromagère. Onze paysans s'étaient réunis en coopérative, ils avaient construit une petite fromagerie au milieu du village, engagé un fromager, et bientôt ils purent vendre quantité de belles, grandes et grosses meules d'Emmental.

Dix ans passèrent ainsi, vingt ans, trente ans: tout allait pour le mieux. Mais la fromagerie et le fromager commençaient à se faire vieux. Et vieillissaient aussi les gens qui avaient toujours apprécié le fromage d'Emmental, sa pâte dure et ses grands trous: leur préférence pour des produits laitiers plus tendres se mit à grandir à vue d'œil. Tant et si bien que les grosses meules d'Emmental commencèrent à s'empiler dans la cave à fromages. Et quand par-dessus le marché l'heure vint pour le vieux fromager de prendre sa retraite, grande fut la détresse au village.

«Mieux vaut faire de la pâte molle qu'une connerie!»

«Pas moyen de trouver un nouveau fromager pour la vieille fromagerie», se lamenta le président de la coopérative aux onze paysans réunis à la taverne du village, autour d'une bouteille de cidre, pour décider quoi faire. «Et puis de toute façon y a plus personne qui veut bouffer c'te charognerie d'Emmental!» C'était bien vrai, ça, renchérit un autre paysan: il avait lu, dans le dernier bulletin de l'Union laitière, que le gouvernement, pour la vente du fromage d'Emmental, mettait chaque année de sa poche (enfin, de la nôtre) passé quatre cent millions. Dans une situation pareille, rénover la vieille fromagerie du village pour quasi un million, «ça serait plutôt une connerie de faire ça»!

«Ouais, on aurait peut-être quand même meilleur temps de faire de la pâte molle», suggéra un troisième fermier. Il avait déjà sa petite idée derrière la tête: les 2500 litres de lait que les onze paysans du village soustrayaient chaque jour à leurs 140 vaches, on aurait pu les vendre au fromager qui s'était mis à la pâte molle, deux ou trois villages plus loin. C'est qu'il lui fallait de plus en plus de lait, à celui-là; d'un bout à l'autre du canton, ses tendres fromages se vendaient comme des petits pains. «Ouais, pas» conclut-il, «au jour d'aujourd'hui, un croque-monsieur ou un ramequin, c'est vachement plus à la mode qu'un morceau de pain et un bout d'Emmental.» Le cercle des paysans pas encore disparus opina du bonnet comme un seul homme, on se versa encore un peu de cidre, ralluma pipes et cigares. Et bientôt la proposition rapport à la pâte molle fut chose décidée.

Le fromager aux pâte molle se montra suprêmement ravi de ce nouvel afflux de lait qui tombait vraiment à pic: il venait juste de trouver un nouveau client qui ne voulait plus faire venir ses fromages à pâte molle de l'étranger, mais se fournir chez lui dorénavant. Pour une somme modeste, il transforma la vieille fromagerie en centre local de coulage du lait, et loua l'appartement du dessus à son livreur. Ce qui permettait à ce dernier d'amener chaque matin le lait du village directement de son logement à son lieu de travail; et à la femme du livreur, en plus, de tenir pendant la journée, là où naguère on fabriquait les belles grosses meules d'Emmental, une petite épicerie. Bref, la nouvelle solution rendait service à tout le monde. Sur le village des paysans régnait à nouveau une joie sans mélange, la pâte molle avait redonné toute sa saveur à la joie d'élever le bétail.

Où le vieux cheval fédéral hennit et rue dans les brancards

Seulement voilà, la subtile initiative privée des futés coopérateurs fromagers déplut souverainement aux villageois d'à côté: blêmes de jalousie, «ces charognes d'envieux sont tout de suite allés chialer à Berne», comme l'ont relaté plus tard les paysans de la pâte molle. Et sur-le-champ, là-bas à Berne, à l'Office de l'économie laitière, le vieux cheval du ressort de qui était la chose rua puissamment dans les brancards et poussa, à l'encre et au papier, un hennissement sans pitié: «Aussi la coopérative fromagère est-elle tenue de revenir immédiatement à l'utilisation de son lait à fin de fabrication de fromage d'Emmental à pâte dure», lut quelques jours plus tard, dans une lettre recommandée, un président de coopérative tout éberlué. «La disposition susmentionnée dût-elle ne pas être respectée, l'office se verrait contraint de prendre des mesures draconiennes.»

«Crénom de tonnerre de nom de bleu!» La lettre officielle tomba sur le petit village paysan comme la foudre sur un tas de foin plus sec que la justice de Berne, ou comme l'autour fondant sur le poulailler. «Avant d'aller gouverner», les onze paysans se réunirent à nouveau. Cette fois, c'est de la pomme qui trônait sur la table: «Plus ces charognes de taborniaux là-bas à Berne font les tadiés, plus on est obligés de boire du fort ici!» De concert avec le producteur de fromages à pâte molle, les paysans n'en exposèrent pas moins leur situation aux fonctionnaires bernois avec sobriété et force détails: le Ministre du Lait ne venait-il pas de déclarer à la télévision que le pays ne pourrait acheter son billet d'entrée au Paradis commercial européen qu'au prix d'une réduction drastique des subventions agricoles, argumentèrent-ils de leur plus belle plume. Or, cela exigeait davantage de mobilité et d'initiative, de même qu'une production mieux appropriée au marché. «C'est pourtant exactement ce qu'on est en train de faire, ou pas? Alors pourquoi au monde est-ce qu'ils veulent à présent nous obliger à refabriquer ce charogne d'Emmental?» Et tous les paysans hochaient la tête, perplexes.

Où une huile ne veut pas perdre sa place pour un fromage

Ils prirent un avocat, allèrent plaider jusque devant le Tribunal fédéral, à Lausanne, et retour; ils allèrent aussi conter leur peine à un gros bonnet agrarien fort en gueule. Seulement celui-là tenait bien trop à son fauteuil au National et à sa petite place à l'Union laitière pour risquer de les perdre en se penchant sur les menus tracas des paysans du village. Si bien que, ma foi, tout ce qu'ils firent fut en vain: l'office demeura inflexible, tel un Emmental extra vieux. Après des mois d'un interminable va-et-vient, différents fonctionnaires finirent même par avouer que dans le fond, ce qui comptait c'était juste que les paysans obéissent à l'Etat et fabriquent le fromage prescrit, peu importe si ensuite on le mangeait ou non. Et s'ils ne sont pas disparus entre-temps, les paysans continuent de produire à l'heure qu'il est, pour des centaines de millions de francs soutirés au contribuable, ces fromages si durs à écouler.

Où l'on apprend que ceci n'est pas un conte

Un bien joli conte, n'est-ce pas? Seulement voilà, ce n'est pas un conte. L'histoire s'est bel et bien passée, exactement (ou presque) comme on vient de la raconter, en l'an de grâce 1991, à Scheunenberg, dans la campagne bernoise. Depuis 1992, le lait des onze paysans sert de nouveau à fabriquer bien sagement des meules d'Emmental. La Suisse continue de payer près d'un demi-milliard de francs par an pour encourager la vente de fromage à pâte dure. Et pendant ce temps l'importation de fromage à pâte molle augmente d'environ sept pour cent par an, tandis qu'à l'Office de l'économie laitière, à Berne, l'administration continue d'administrer sagement en suivant à la lettre ses trois fameux principes sacro-saints: «On a touchours fait comme ça!», «Ça par contre, on n'a encore chamais fait!» et «Sinon on ferrait tout le monte rappliquer!»

Aargau – nein danke!

Niklaus Ramseyer

«Die Walliser sind ja ein wenig Gangster, machen, was sie wollen, planieren und betonieren, wo es gerade gut rentiert», sagte Alexander. «Wir Basler haben nebst unserer rentablen Chemie die Grossbourgeoisie – den Daig. Ihr Berner braucht mit eurer Bundeshauptstadt nichts zu beweisen. Und den Jurassiern zollt nach ihrem erfolgreichen Befreiungskampf gegen Bern fast jeder Respekt.»

«Aber der Aargau», fuhr er fort: «Kann mir hier jemand etwas Charakteristisches über den Aargau sagen?» Eben nicht, antwortete Anne: «Aargau und Charakter, das passt nämlich etwa so gut zusammen wie Sauerkraut und Sirup.» Der Aargau sei nicht viel mehr als Zürichs Hinterhof, fast wie Mexiko für die USA, meldete sich auch Martin. «Dazu gibt es weiter nichts zu sagen – nicht einmal dagegen, geschweige denn dafür.»

Wie wir auf den Aargau gekommen waren, weiss ich nicht mehr. Sicher war es jedoch in Graubünden, wo wir – ein paar Kolleginnen und Kollegen aus Basel und Bern – in einem feinen, kleinen Restaurant beisammen sassen, nach einem opulenten Mahl mit bestem Roten dazu. Der beförderte weniger die Wahrheit als den Witz; schon vor dem Dessert war eine allgemeine Flachserei der Berner gegen die Basler losgegangen und umgekehrt. Plötzlich jedoch war jemand auf den Aargau zu reden gekommen. Und im Nu hatten sich Bern und Basel verbündet und war die ganze Runde verbal in den Aargau ein- und über die Aargauer hergefallen. – Und wir machten kurzen Prozess. Innert einer knappen halben Stunde waren wir uns einig: Der Aargau sei ein völlig überflüssiger Kanton – sei «total für d'Füchs», wie wir in Bern sagen. Man könnte ihn problemlos abschaffen.

«Wenn in der Schweiz schon neue Kantone entstehen wie der Jura», spann Alexander den Faden weiter, «warum soll dann nicht auch einmal einer verschwinden?» Jetzt ging es erst recht los: «Wir gründen eine GSoA, eine Gruppe Schweiz ohne Aargau, und sammeln Unterschriften.» «Wir verteilen Pins und Kleber mit der Aufschrift: Aargau – nein danke!»

So redeten und lachten alle durcheinander. Bis ich wieder seriöser und konkreter wurde: «Der Kanton Aargau wird aufgehoben und die umliegenden Stände teilen das ehemalige Kantonsgebiet einvernehmlich untereinander auf.» So, meinte ich, müsste der Text für eine Volksinitiative lauten.

Das amüsierte und überzeugte alle. Wir schenkten Wein nach, zündeten Zigarren und Zigarretten an und bestellten Kaffee. «Aber eigentlich müsste der Bundesrat dann doch einen Gegenvorschlag machen», kam Anne bald wieder auf unsere Anti-Aargau-Initiative zurück. Und sie formulierte auch gleich recht bundesrätlich: «Der Kanton Aargau wird aufgehoben und das Kantonsgebiet in den Besitz des Bundes eingebracht.» Ich fand diesen Gegenvorschlag fast noch besser als unser Volksbegehren. «Dann könnte der Bund im ehemaligen Aargau nämlich nach Lust und Laune Kernkraftwerke, Waffenplätze, Atommüllager und Sonderdeponien bauen», sagte ich unter grossem Hallo der anderen: «Und wisst ihr, was das Beste wäre? Die ehemaligen Aargauer hätten noch Freude daran und wären mächtig stolz auf derlei Fortschritt!»

Für diese bissige Bemerkung erntete ich wahre Begeisterungsstürme. Dann zahlten wir bald. Aber auch vor dem Restaurant draussen lachten wir noch laut und lange über unsere famose Idee. Und in bester Laune wünschten wir einander eine gute Nacht.

Gut, die Initiative ist natürlich nie zustande gekommen. Aber fast alle, denen ich später davon erzählte, fanden die Idee einer Schweiz ohne Aargau gar nicht so schlecht – ausser die Aargauer natürlich. Nur kenne ich eigentlich gar keine Aargauer wirklich gut. Und ein Politologe hat mir kürzlich erklärt, Unkenntnis des Fremden sei die wichtigste Voraussetzung für Fremdenhass.

Argovie, non merci!

Niklaus Ramseyer

«Les Valaisans sont tous un peu des gangsters, ils font comme ils veulent, ils te sortent leurs projets et ils bétonnent juste là où c'est le plus rentable», dit Alexander. «Question rentable, nous les Bâlois on a la chimie, et puis aussi notre grande bourgeoisie, le Daig. Vous, les Bernois, avec votre Ville fédérale, vous n'avez plus rien à démontrer. Et les Jurassiens, après leur combat de libération contre l'ours bernois, chacun ou presque leur tire son chapeau.»

«Mais l'Argovie», poursuivit-il: «Y a-t-il quelqu'un dans la salle qui puisse me citer une caractéristique proprement argovienne?» Eh bien non, justement, répondit Anne: «L'Argovie et le caractère, ça va à peu près aussi bien ensemble que la choucroute et le sirop.» L'Argovie n'est guère plus que l'arrière-cour de Zurich, un peu comme le Mexique pour les Etats-Unis, remarqua à son tour Martin: «Et quand on a dit ça, on a vraiment tout dit.»

Comment en était-on venus à parler de l'Argovie, je ne me souviens plus. Ce qui est sûr, c'est que cela s'est passé aux Grisons, où nous (une petite équipe de collègues venus de Bâle et de Berne) nous étions retrouvés dans un joli petit restaurant, après un copieux repas arrosé d'un excellent rouge. Lequel, davantage que la vérité, stimule plutôt l'esprit: avant même le dessert, chacun se payait déjà la tronche de son voisin, les Bâlois des Bernois et vice versa. Soudain, quelqu'un en était venu à évoquer l'Argovie, et en un rien de temps Berne et Bâle s'étaient alliés pour se ruer sur l'Argovie et tomber sur le râble des Argoviens, verbalement s'entend.

Et nous entreprîmes un rapide procès. En l'espace d'une petite demi-heure, nous étions tous d'accord: Argovie était un canton totalement superflu, «bon que pour les renards», comme on dit à Berne, qui compte pour beurre, quoi. On pourrait tranquillement s'en passer. «La Suisse peut bien s'ouvrir à de nouveaux cantons, le Jura par exemple», poursuivit Alexander, «pourquoi est-ce qu'on ne pourrait pas en supprimer aussi un, une fois?»

Aussitôt, cela fusa de toutes parts: «Allez, on fonde un GSsA, un Groupe pour une

Suisse sans Argovie, et on récolte des signatures.» «On distribue des pin's et des autocollants avec l'inscription: Argovie, non merci!» Tout le monde disait la sienne dans la rigolade générale, jusqu'à ce que je revienne à des choses plus sérieuses et plus concrètes. «Le canton d'Argovie est supprimé et le territoire argovien réparti entre les cantons environnants, d'un commun accord»: telle devait, selon moi, être la teneur de notre initiative populaire.

Voilà qui amusa et convainquit tout le monde. Nous nous sommes versé encore un peu de vin, avons allumé cigares et cigarettes et commandé les cafés. Mais Anne ne tarda pas à revenir à notre initiative anti-argovienne: «Au fait, le Conseil fédéral devrait quand même encore proposer un contre-projet.» Et elle le formula aussitôt en un parfait style Conseil fédéral: «Le canton d'Argovie est supprimé et son territoire est déclaré propriété de la Confédération.» Ce contre-projet me parut encore meilleur que notre initiative. «Comme ça la Confédération pourrait, selon son bon plaisir, installer sur le territoire de l'ex-Argovie centrales nucléaires, places d'armes, dépôts de déchets radioactifs et décharges spéciales», ajoutai-je, m'attirant l'approbation enthousiaste de toute l'assemblée. «Et le plus beau dans tout ça, vous savez quoi? Les ex-Argoviens seraient encore tout contents, et sacrément fiers d'un progrès pareil!» Cette remarque mordante déclencha un véritable délire général. Peu après, nous payâmes. Mais, même une fois dehors, nous avons longtemps encore ri aux éclats de notre fameuse idée. Et c'est de la meilleure humeur du monde que nous nous sommes tous souhaité bonne nuit.

Bon, notre initiative n'a évidemment jamais vu le jour. Mais presque tous ceux à qui j'en ai parlé par la suite ont trouvé l'idée d'une Suisse sans Argovie pas si mauvaise que ça. A part les Argoviens, naturellement. Sauf qu'en fait, il n'y a aucun Argovien que je connaisse vraiment bien. Et la méconnaissance de l'étranger, m'a expliqué un politologue, est le principal fondement de la xénophobie.

Gourmet-Graben zwischen Deutsch und Welsch

Marcel Schwander

o

Die Schweizer sind nicht sehr prätentiös, wenn sie die Gerichte aufzählen, die sie der internationalen Gastronomie zurechnen möchten: an oberster Stelle stehen Fondue und Rösti, französisch «les rösti».

Rösti ist seit je Deutschschweizern und Welschen bekannt: Einen Röstigraben gibt es nicht. Die Romands haben nur das Wort «Rösti» übernommen, nicht die Sache selbst. Die Legende vom «Röstigraben» verhärtet höchstens ein falsches Vorurteil. Doch die Westschweizer haben tatsächlich andere Essgewohnheiten.

Zwar hat die Schweiz den König aller Meisterköche: Fredy Girardet in Crissier bei Lausanne, doch die Schweizer sind mit leiblichen Genüssen eher bescheiden, auch wenn seit der Edelfresswelle der Konsum von Brot und Kartoffeln zurückgeht. Deutschschweizer essen etwas mehr Wurst (Schüblig, Wienerli, Cervelat), Romands etwas mehr Poulet, Ragout und Braten. Lieblingskäse ist bei beiden der Greyerzer, bei den Romands häufig auch Weichkäse wie Vacherin Mont d'Or oder Camembert. Bevorzugtes Getränk ist Rotwein, doch nur 30 Prozent der Romands und 15 Prozent der Deutschschweizer geniessen ihn täglich. Bier ist fast ausschliesslich Männersache.

Die Schweizer essen meist ein frugales «continental breakfast»: Kaffee oder Tee mit Brot, Butter und Konfiture – 40 Prozent der Männer und 25 Prozent der Frauen nehmen gar kein «Morgenessen» (Frühstück). Hauptmahlzeit ist das Mittagessen, in der Westschweiz eher das Abendessen; Grossmutters Sonntagsbraten ist passé; er wird nun häufig durch einen «Brunch» (Frühstück und Mittagessen in einem) ersetzt.

Romands gehen statistisch gesehen öfter ins Restaurant und geben dort mehr für gesellige Anlässe und festliche Mahlzeiten aus. (Deutschschweizer legen mehr Geld auf die Bank.) Rotwein wird zwar beidseits der Sprachgrenze als Lieblingsgetränk genannt, doch die Deutschschweizer bechern mehr Bier als die Romands, und doppelt so viele Romands wie Deutschschweizer (30%/15%) trinken täglich

Rotwein. Die Schweizer romanischer Kultur konsumieren durchschnittlich mehr Alkohol, und auf der Karte der Zirrhosesterblichkeit bei Männern sind die sechs Kantone des Welschlands und das Tessin klar zu erkennen (Nouvelle Geographie de la Suisse, Bd.1, S. 302). Doch nach ärztlicher Ansicht zechen Durchschnitts-schweizer (mehr und mehr auch Frauen) ohnehin zuviel.

Froschschenkel und Gänseleber

Deutschschweizer verzichten, anders als die Romands, ohne weiteres auf Frosch-schenkel und Gänseleber. Nachdem die TV-Sendung «Kassensturz» am 27. August 1991 die unzimperlichen Methoden der Gänsemast gezeigt hatte, stellten Lebensmittelgeschäfte in der Deutschschweiz den Verkauf von Gänseleber ein. Das «Journal de Genève» sah aber in der zunehmenden Moralisierung unserer Lebens- und Essgewohnheiten nichts als Gefühlsduselei: «Bald werden uns einige Wohlgesinnte überzeugen wollen, dass Salatblätter in der Essigsauce Folterqualen erleiden und Karotten beim Raffeln heulen vor Schmerzen...» Auch die Grossver-teiler Migros und Coop stellten den Verkauf von Gänseleber ein. Mit Ausnahmen: Coop Genf richtete sich in diesem Fall nicht nach den Direktiven der Zentrale. «Wir können den Verkauf nicht einstellen, besonders nicht in unseren Gourmet-Läden», erklärte Coop-Direktor R. Quaglia. Gänseleber ist nicht einer der wichtigen Artikel, doch anders als in der Deutschschweiz wird sie hier oft verlangt.

Coop Genf beauftragte den Präsidenten der Tierärztegesellschaft Frankreichs mit einem Gutachten; danach besteht kein Anlass, das Nudeln (le gavage) der Gänse zu verurteilen. Nachdem die Vorräte abgestossen sind, verzichtet Migros Genf auf den Verkauf von Gänseleber – allerdings «schweren Herzens», wie Einkaufschef Rolf Potter erklärte. Dies bringt zwar «keine Katastrophe», so der stellvertretende Direktor Henri Lugrin, «doch die Umsatzeinbusse ist bei uns bedeutend grösser als in der Deutschschweiz.»

Der Rückgang wird sich auch auf anderen Artikeln bemerkbar machen: Der Kunde, der nun die Gänseleber jenseits der Grenze in Frankreich einkauft, wird sich dort auch mit Lachs, Muscheln und Kaviar eindecken. Die neue Lage erfreut aber neben den französischen auch die lokalen Delikatessenhändler.

Der Kassensturz-Befund beeindruckte die Westschweiz kaum. Bundesrat Jean-Pascal Delamuraz, in einem Interview zum Jahreswechsel nach seiner Lieblingsspeise befragt, antwortete: «Frische Gänseleber, schön warm.»

Derrière le rideau (de rösti), un fossé gastronomique

Marcel Schwander

Les Suisses ne sont guère prétentieux, lorsqu'ils énumèrent leurs contributions indigènes à la gastronomie internationale: en tête de liste figurent la fondue et les rösti (ces derniers demeurant, en bon schwyzerdütsch, tout à fait singuliers).

Les rösti sont connus de temps immémorial, de part et d'autre de la Sarine: le Röstigraben, ce fameux fossé ou, comme disent les Romands, cette «barrière de rösti» dressée entre Welches et Teutons, n'existe pas. Certes, en reprenant le nom, les Romands n'ont pas repris la chose. Mais si la légende du Röstigraben ne fait en somme que renforcer un faux préjugé, il est de fait que Romands et Alémaniques n'ont pas les mêmes habitudes culinaires.

La Suisse a beau s'enorgueillir d'héberger le roi des maîtres-queux en la personne de Frédy Girardet, dont le palais prospère à Crissier près de Lausanne, les Suisses, eux, demeurent plutôt modestes devant les plaisirs de la table, même si, depuis la déferlante du croquer fin, la consommation de pain et de pommes de terre est en recul. Les Alémaniques mangent un peu plus de saucisses (schübligs, wienerlis, cervelas), les Romands un peu plus de poulet, de ragoût et de rôti. Le fromage préféré est pour tous le gruyère, mais les Romands sont nombreux à raffoler aussi de fromages à pâte molle comme le vacherin Mont-d'Or ou le camembert. La boisson favorite est le vin rouge, mais seuls 30% des Romands et 15% des Alémaniques s'en délectent quotidiennement. La bière est un breuvage presque exclusivement masculin.

Les Suisses se contentent le plus souvent d'un frugal «continental breakfast»: thé ou café, pain beurré, confiture; 40% des hommes et 25% des femmes se passent même tout à fait de petit-déjeuner. Le repas principal est le «dîner» de midi, quoique en Suisse romande ce soit plutôt le «souper» du soir. Quant au rôti du dimanche que mitonnait grand-maman, il appartient désormais au passé: on le remplace fréquemment par un «brunch» (petit-déjeuner et repas de midi combinés).

Statistiquement parlant, les Romands vont plus souvent au restaurant et y dépensent plus pour des repas de fête ou de société (les Alémaniques, eux, déposent davantage d'argent à la banque). Si le vin rouge est la boisson préférée de part et d'autre de la frontière linguistique, les Alémaniques éclusent davantage de bière que les Romands, tandis que ceux-ci sont, proportionnellement, deux fois plus nombreux que ceux-là (30% contre 15%) à avoir fait du rouge leur vin quotidien. Les Suisses de culture latine consomment en moyenne davantage d'alcool: sur la carte de la mortalité par cirrhose pour les hommes *(Nouvelle géographie de la Suisse et des Suisses,* t.1, p.302), les six cantons romands et le Tessin ressortent nettement. D'un point de vue médical, quoi qu'il en soit, le Suisse moyen (qui se trouve de plus en plus souvent être aussi une Suissesse) picole trop.

Cuisses de grenouille et foie gras

Contrairement aux Romands, les Suisses alémaniques renoncent sans problème au foie gras et aux cuisses de grenouilles. Après que l'émission de TV «Kassensturz» du 27 août 1991 eut révólé les méthodes peu délicates du gavage des oies, les commerces alimentaires de Suisse alémanique retirèrent le foie gras de la vente. Le *Journal de Genève* ne voyait pour sa part, dans la moralisation croissante de notre mode de vie et de manger, que sensiblerie: «Bientôt, une poignée de gens bien intentionnés voudront nous persuader que les feuilles de salade souffrent le martyre dans la sauce au vinaigre et que les carottes hurlent de douleur quand on les râpe...» Les grands magasins Coop et Migros cessèrent également de vendre du foie gras. A quelques exceptions près: Coop Genève refusa de se conformer aux directives de la centrale. «Nous ne pouvons pas stopper la vente, surtout pas dans nos magasins Gourmet», expliqua son directeur, R. Quaglia. Le foie gras ne fait pas partie des articles les plus demandés, mais il l'est autrement plus souvent qu'en Suisse allemande.

Coop Genève demanda une expertise au président de la Société française des vétérinaires: il n'en est résulté aucun motif de condamner le gavage des oies. Une fois les stocks liquidés, Migros Genève renonça pour sa part à la vente de foie gras, «le cœur gros» cependant, comme l'avoua son chef vendeur, Rolf Potter. «On ne peut pas parler de catastrophe», précisait le directeur adjoint Henri Lugrin, «mais le manque à gagner est beaucoup plus important chez nous qu'en Suisse allemande.»

Ce recul des ventes se répercute sur d'autres articles: le client qui va maintenant acheter son foie gras «sur France» y fait également provision de saumon, de moules et de caviar. Si la nouvelle situation fait le bonheur des traiteurs français, elle réjouit aussi l'épicerie fine genevoise.

Car les «révélations» de Kassensturz n'ont guère impressionné les Romands. Interrogé sur son plat favori lors d'une interview de Nouvel an, le conseiller fédéral Jean-Pascal Delamuraz répondait: «Du foie gras frais bien chaud.»

Bergluft macht schlank

Wanderer im Pizolgebiet 1964. Vorlage für das vielfach ausgezeichnete Werbeplakat.

Randonneurs dans la région du Pizol. Projet d'une affiche lauréate de nombreux prix, 1964

Das SVZ-Plakat «Bergluft macht schlank» gehört zu den im In- und Ausland meist-ausgezeichneten Schweizer Plakaten. Philipp Giegel fotografierte die absteigende Wandergruppe 1964 als Illustration zum damals gültigen Slogan der SVZ «In 80 Millionen Jahren werden die Alpen abgetragen sein. Nützet die Zeit.» Für seine Plakatidee wählte er einen Ausschnitt daraus. Die Verfremdung der schlanken Berg-gänger mit Hund erreichte er durch die Schrägstellung des im Vergrösserungsappa-rat eingespannten Negativs und einem ebenfalls maximal aufgestellten Fotopapier.

Mit dieser eigenwilligen Verzerrung nahm Philipp Giegel eine Bildgestaltung voraus, wie sie heute, 30 Jahre später, auf modernen Computeranlagen realisiert wird.

Die Direktion der SVZ stimmte der Plakatausführung nur zögernd zu; sie bemängelte, dass die Figuren zu «giacomettihaft» wirkten und mehr Volumen benötigten. Darauf legte der Fotograf eine Maquette vor, die nach dem Geschmack seiner Vorgesetzten war. Beim Lithografen jedoch nutzte er geschickt die Gunst der Stunde und zog die Figuren abermals erfolgreich in groteske Länge.

Für die Ausführung des Werbeplakates wagte Philipp Giegel einen patriotischen Seitenblick auf Alberto Giacometti und zog die Wandergruppe in groteske Länge.

Sur cette affiche, Philipp Giegel adresse un clin d'œil patriotique à Alberto Giacometti en étirant la silhouette des randonneurs de manière caricaturale

Votre ligne... l'air des Alpes

L'affiche «Bergluft macht schlank» («Votre ligne...
l'air des Alpes» dans sa version française) est l'une
des plus remarquables qui aient été réalisées, dans
ce pays ou à l'étranger, sur le thème de la Suisse.
C'est en 1964 que Philipp Giegel a photographié ce
groupe d'excursionnistes pour illustrer ce qui était
alors le slogan de l'ONST: «Plus que 80 millions
d'années jusqu'à la disparition des Alpes: profitez-
en!» Il choisit, pour son projet d'affiche, un détail.
L'étrange effet d'amincissement des randonneurs
et de leur compagnon à quatre pattes est obtenu
en plaçant le négatif de biais dans l'agrandisseur et
en inclinant le papier au maximum. Avec cette
distorsion volontaire, Philipp Giegel anticipait un
genre d'images que l'on peut réaliser aujourd'hui,
trente ans plus tard, grâce à l'ordinateur.

La direction de l'ONST ne donna son aval que du
bout des lèvres, soutenant jusqu'au bout que les
personnages produisaient un effet trop «giaco-
mettien» et devraient avoir davantage de volume.
Après cela le photographe soumit à son chef une
maquette où les personnages étaient davantage à
son goût. Mais plus tard, chez le lithographe, il
s'arrangea pour leur redonner, au dernier moment,
leur grotesque silhouette longiligne.

Im Harem eines Hühnerstalls

Philipp Giegel

Schon lange war es mein Wunsch gewesen, Tiere auf Spiegelchromplatten, die man im Labor zum Trocknen der Fotos verwendet, zu fotografieren. Es muss doch faszinierend sein, so dachte ich mir, diese im Zerrspiegel der Chromplatten entstehenden skurrilen Bilder mit der Kamera festzuhalten. Als Fotomodelle wählte ich Hühner. Ich nistete mich im Hühnerstall auf dem Bauernhof einer Verwandten ein. Jetzt aber trat das Problem an mich heran: Wie kann man Hühner als Fotomodelle vor die Kamera bringen?

Mit grosser Geduld begann ich, Futterkörner auf den Quadratzentimeter genau zu plazieren, um das lebhafte Federvieh auf den von mir gewünschten Standort zu locken. Das Pech aber wollte, dass der erste Hahn, den ich ausgewählt hatte, in seinem Kampf zur Verteidigung der Haremsdamen von einem Marder so

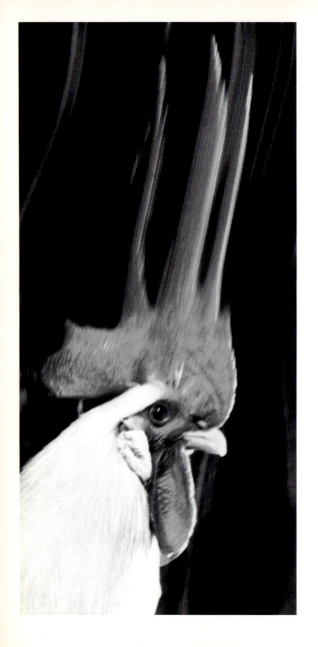

übel traktiert wurde, dass er als Topmodell ausscheiden musste. Ein zweiter Hahn, den ich mir erwarb, zeigte sich sehr aggressiv. Immer wieder kam er wütend auf mich los, so dass ich mit meiner Kamera fluchtartig sein Hoheitsrevier verlassen musste.

Nach diesen Misserfolgen besorgte ich mir einen jungen Leghorn-Zuchthahn mit Junghennen, die sich allmählich an mich gewöhnten. Durch wiederholtes Füttern der Hennen und des Hahnes und das Besorgen des Hühnerstalles wurde der Herr des Hauses immer zutraulicher. Immer schöner wurde sein Gefieder, und immer stolzer stellte er den Kamm. Und als er schliesslich im vollen Schmuck seines Hochzeitskleides prangte, akzeptierte er mich ganz und tolerierte selbst meine technische Ausrüstung. Die Beziehung zu Hahn und Hennen wurde zum Erlebnis. Für lebendige Aufnahmen waren die frühen Morgenstunden am günstigsten. Für «Familienbilder» jedoch eigneten sich mehr die Abendstunden, wenn das Hühnervolk Anstalten traf, sich zur Ruhe zu begeben und sich auf den Stangen niederliess.

Dans le harem de Chantecler

Philipp Giegel

Cela faisait longtemps que je rêvais de photographier des animaux sur les plaques chromées que l'on utilise dans les laboratoires pour sécher les photos. Il doit être fascinant, me disais-je, de fixer avec la caméra les images grotesques qui surgissent du miroir déformant de ces plaques. Pour modèles, je choisis des poules. Je me nichai dans le poulailler d'une ferme appartenant à une parente. C'est alors que se présenta le véritable problème: comment amener des poules à poser devant la caméra?

Armé d'une longue patience, je me mis à placer des graines sur le sol, au centimètre près, pour attirer les pétulants gallinacés à l'emplacement choisi pour la photo. Mais la malchance voulut que le premier coq que j'avais sélectionné comme modèle revint en si piteux état du combat héroïque livré contre une martre pour défendre les dames de son harem, qu'il dut renoncer à la carrière de top model. J'acquis alors un autre coq, qui se montra particulièrement agressif. Il ne cessait de se jeter sur moi avec fureur, si bien que je dus quitter précipitamment, avec ma caméra, la chasse gardée de son altesse.

Après ce cuisant échec, je me procurai un jeune coq Leghorn d'élevage avec sa cour de poulettes: les volatiles s'accoutumèrent peu à peu à ma présence. A force de leur amener leur pitance et de m'occuper du poulailler, je gagnai la confiance du maître du logis. Son plumage embellit de jour en jour et sa crête se dressait chaque matin plus fièrement. Quand enfin il parada dans toute la splendeur de sa parure nuptiale, il m'avait tout à fait adopté et tolérait même mon attirail technique. Ma relation avec ce coq et ses poules devint une véritable aventure.

Pour les clichés pris sur le vif, ce sont les premières heures du matin qui convenaient le mieux. Mais pour les «photos de famille», c'était plutôt le soir qu'il fallait choisir, quand tout ce petit peuple s'apprêtait à aller dormir et s'installait sur ses perchoirs.

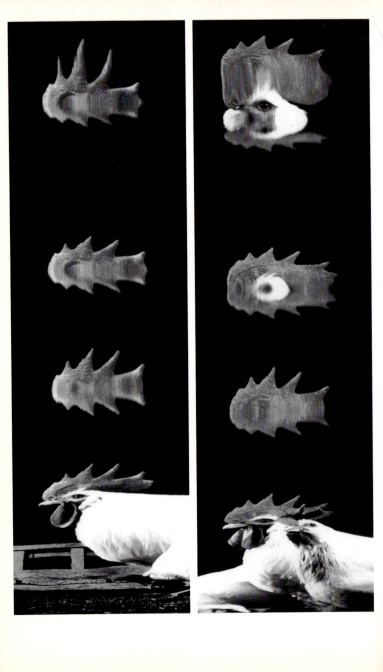

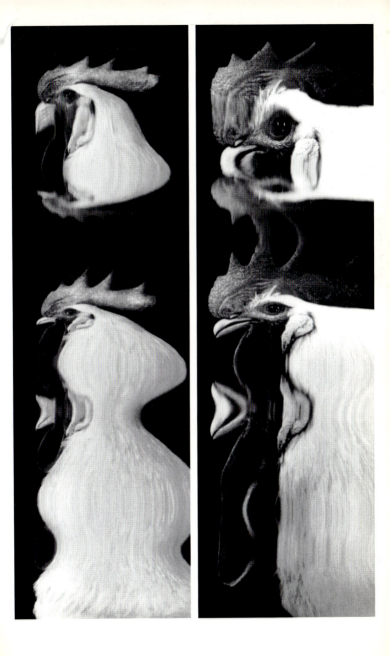

Biographie
Philipp Giegel

1927 Geboren am 10. Oktober in Zürich als jüngstes von drei Kindern eines Holzbildhauers. Schulen in Zürich-Wiedikon.

1944 Suche nach einer Lehrstelle als Goldschmied. Anstellung als «Chasseur» (Dekorationsgehilfe) im Warenhaus Oskar Weber, Zürich.

Schnuppertage als Lithograph in der Graphischen Anstalt Orell Füssli, Zürich, als Fotograf bei BBC Baden und beim Fotodienst der Kriminalpolizei Zürich.

Vorkurs für Fachklassen an der Kunstgewerbeschule Zürich.

1945-48 Berufslehre als Fotograf bei H.G. Metzig, Zürich, einem Spezialisten für technische Aufnahmen und damals bekannt als Turn- und Sportfotograf.

Besucht die obligatorischen Berufsklassen u.a. mit René Groebli.

1946 Rekrutenschule. Ausbildung als «Fliegersoldat» – so die offizielle Bezeichnung für Soldaten im Fotodienst der Fliegertruppe.

Studienreisen nach Prag, Paris und an die Côte d'Azur.

1948 Eintritt in die Fotoklasse der Kunstgewerbeschule Zürich. Assistent des Hauptlehrers Hans Finsler. Begegnung u.a. mit den älteren Fotoschülern Werner Bischof, Emil Schulthess und Ernst Scheidegger. Studienreise nach Venedig.

1949-92 Fotograf bei der «Schweizerischen Verkehrszentrale SVZ» in Zürich, wo er während zwei Generationen das touristische Bild der Schweiz bestimmt. Viele seiner Fotos werden in nationalen und internationalen Wettbewerben prämiert. Sie werben als Plakat, Prospekt, Kalender, in Dia- und Bibliovisionen, in Büchern, Zeitungen und Zeitschriften sowie in Ausstellungen weltweit für das Ferienland Schweiz.

1953 Heirat mit Hedy Pulver.

1956 Reise durch das Mittelmeer und zu den Atlantikinseln.

Seit 1962 Reisen nach Frankreich, Spanien, Griechenland, Italien, Israel, Vorderer Orient, USA. Diverse Buchpublikationen.

1927 Naît à Zurich le 10 octobre, cadet des trois enfants d'un sculpteur sur bois. Ecoles à Zurich-Wiedikon.

1944 Cherche une place d'apprentissage dans l'orfèvrerie. Engagé comme «chasseur» (aide-décorateur) au magasin Oskar Weber, à Zurich.

Journées de stage de lithographe à l'établissement graphique Orell Füssli, de photographe chez BBC Baden ainsi qu'au service photographique de la police criminelle de Zurich.

Cours préparatoire à l'Ecole des arts et métiers de Zurich.

1945-48 Stage de photographe à Zurich chez H.G. Metzig, spécialiste de prises de vues techniques, réputé alors comme photographe de sport. Suit les classes professionnelles obligatoires, avec entre autres René Groebli.

1946 Ecole de recrues. Formation de «soldat aviateur», comme l'on désignait officiellement les soldats du service photographique des troupes d'aviation.

Voyages d'études à Prague, à Paris et sur la Côte d'Azur.

1948 Entre à la «Classe de photo» de l'Ecole des arts et métiers de Zurich. Assistant de Hans Finsler. Rencontre notamment Werner Bischof, Emil Schulthess, Ernst Scheidegger, anciens élèves de Finsler.

1949-92 Photographe à l'Office national suisse du tourisme (ONST), à Zurich, pour lequel il façonne durant deux générations l'image touristique de la Suisse. Souvent primées lors de concours nationaux et internationaux, ses photos vantent dans le monde entier les charmes de la «Suisse, pays de vacances» sous forme d'affiches, prospectus, calendriers, diaporamas, albums, ou encore à travers livres, journaux, revues et expositions.

1953 Epouse Hedy Pulver.

A partir de 1962 Divers voyages en France, Espagne, Grèce, Italie, Israël, Proche-Orient, Etats-Unis. Publie plusieurs livres.

Preise / prix

1950 «Camera», Photozeitschrift Luzern. Dritter Preis im Internationalen Wettbewerb.

1955 Erster Preis für «Treue Gäste Zürichs» (Mövenmotiv/mouettes), Verkehrsverein Zürich.

Erster Preis für «Ein Foto, das ich liebe» (Künstlerball/Bal des artistes), «Weltwoche», Zürich.

1956 Erster Preis der «Mostra Internationale della Montagna», Club Alpino Italiano, Livorno.

1957 International picture contest «Popular Photography Magazin», N.Y.

Anniversary photo contest «U.S. Camera Magazin» N.Y.

1960 Anniversary photo contest «U.S. Camera Magazin» N.Y.

1963 Anniversary photo contest «U.S. Camera Magazin» N.Y.

1964 «Interpress Foto 64» der «Association des Journalistes Polonais», Warschau.

1965 2. Preis im Internationalen Fotowettbewerb «Francesco di Assisi», Mailand.

1968 Auszeichnung für «Sport im Bild» der «photokina 68», Köln.

1974 2. Preis der SBG/UBS - «Grosser Fotopreis der Schweiz».

1976 Förderpreis der SBG/UBS - «Grosser Fotopreis der Schweiz».

1982 Förderpreis der SBG/UBS - «Grosser Fotopreis der Schweiz».

1984 1. Preis der SBG/UBS - «Grosser Fotopreis der Schweiz».

1988 1. Preis für Schwarzweissfotografie «Homo Sapiens», Musée d'histoire naturelle, Fribourg.

Plakatprämierungen / Affiches primées

«Schlittenfahrt» / «Voyage en traîneau»

(Foto Philipp Giegel, Gestaltung Franz Fässler)

1962 Vom Eidgenössischen Departement des Innern für«Die besten Plakate des Jahres» mit Ehrenurkunde ausgezeichnet.

1969 1. Preis in «Internationaler Plakatwettbewerb» von Tarbes.

3. Preis in «Internationaler Plakatwettbewerb» von Mailand.

«Reise durch Europa – raste in der Schweiz»/«Courez l'Europe – détendez-vous en Suisse»

(Foto Philipp Giegel, Gestaltung Hans Küchler)

1964 Vom Eidgenössischen Departement des Innern für «Die besten Plakate des Jahres» mit Ehrenurkunde ausgezeichnet.

1967 2. Preis in «Internationaler Plakatwettbewerb» von Catania, Sizilien.

1969 2. Preis in «Internationaler Plakatwettbewerb» von Berlin.

«Das Jahr der Alpen» / «L'Année des Alpes»

(Foto und Gestaltung Philipp Giegel, Signet Hans Küchler)

1965 Vom Eidgenössischen Departement des Innern für «Die besten Plakate des Jahres» mit Ehrenurkunde ausgezeichnet.

Unter SVZ-Imprimaten von der Werbegrafik mit dem «Goldenen Pinsel» ausgezeichnet.

«Winterferien – doppelte Ferien» / «Vacances d'hiver – Vacances doubles»

(Paarlauf / Couple de patineurs. Foto und Gestaltung: Philipp Giegel)

1966 Vom Eidgenössischen Departement des Innern für «Die besten Plakate des Jahres» mit Ehrenurkunde ausgezeichnet.

Bestes touristisches Plakat des Jahres aller Kategorien des ASTA, Weltkongress, Athen.

«Bergluft macht schlank» / «Votre ligne...l'air des Alpes»

(Foto und Gestaltung: Philipp Giegel)

1969 Vom Eidgenössischen Departement des Innern für «Die besten Plakate des Jahres» mit Ehrenurkunde ausgezeichnet.

1970 1. Preis «Goldene Reisekutsche», Internationale Tourismusbörse Berlin für «Bestes ausländisches Plakat».

1971 1. Preis des Internationalen Plakatwettbewerbs von Tarbes.

1. Preis der Esposizione del Manifesto Turistico dei Paesi Euro-Africani e del Mediterraneo, Catania.

2. Preis «Grosser Preis der Werbung», Schweizerischer Reklameverband, Genève.

1974 2. Preis des Salón Internacional del Afiche de la Universidad Nacional de Salta, Argentinien.

1979 1. Preis des Airline and Travel Film World Festival, Buenos Aires.

«Alpenpanorama Schweiz» / «Panaroma alpin suisse»

(Foto Philipp Giegel, Gestaltung Beni La Roche)

1977 Vom Eidgenössischen Departement des Innern für «Die besten Plakate des Jahres» mit Ehrenurkunde ausgezeichnet.

1978 1. Preis «Goldene Reisekutsche», Internationale Tourismusborse Darmstadt fur «Bestes auslandisches Plakat».

1979 1. Preis des Congrès du Syndicat national des agences de voyages de France, Paris.

1. Preis der Internationalen Plakatausstellung, Mailand.

1. Preis des Concours d'affiches touristiques Harze, Belgien.

2. Preis der Airline and Travel Film World Festival, Buenos Aires.

1983 2. Preis der Plakatausstellung in Cordoba, Argentinien.

Weitere Strassenplakate / Autres affiches format mondial

1967 «Chum mit blib gsund» / «A ski – on rajeunit»

(Skiveteran. Foto Philipp Giegel, Gestaltung Eugen Bachmann)

1968 «Chum mit blib gsund!» / «Vacances actives»

(Fischermotiv / Pêcheur. Foto Philipp Giegel, Gestaltung Eugen Bachmann)

1969 «Die Schweiz für die Jungen zwischen 70 und 7» (Foto und Gestaltung Philipp Giegel)

1975 «Sicherheitslinie SBB» / «Ligne de sécurité CFF» (Foto und Gestaltung Philipp Giegel)

1976 «Winterferien – doppelte Ferien»

(Skigirl. Foto und Gestaltung Philipp Giegel)

«Winterferien – doppelte Ferien»

(Skiakrobat. Foto und Gestaltung Philipp Giegel)

Buchpublikationen / Livres

1957 «Hier hat Gott gelebt». Bildband; Texte von Paul Bruin. Artemis, Zürich und Stuttgart.

1959 «Welteroberer Paulus». Bildband; Texte von Paul Bruin. Artemis, Zürich und Stuttgart.

1963 «Panorama Schweiz». Bildband versch. Autoren. Artemis, Zürich und Stuttgart.

«Petrus der Fels». Bildband; Texte von Paul Bruin. Artemis, Zürich und Stuttgart.

1968 «Biblische Länder – Heilige Stätten». Bildband; Texte von Paul Bruin. Artemis, Zürich und Stuttgart.

1978 «Der Alltag Jesu zu Nazareth». Bildband; Texte von Paul Bruin. Rex-Verlag, Luzern und München.

1979 «Es geschah vor 1900 Jahren». Bildband über Pompeji; Texte von Paul Bruin. Rex-Verlag, Luzern.

Gruppenausstellungen / Expositions collectives

1954 «20th New York International Salon», Pictorial Photographers of America. American Museum of Natural History.

1955 «Photographie als Ausdruck». Helmhaus, Zürich.

1963 «International Exhibition of Photography 63». George Eastman House of Photography, N.Y.

1964 «Was ist der Mensch?», Weltausstellung der Photographie. Kunstgewerbemuseum Zürich.

1965 «Interfoto 65», Internationale Fotoausstellung. Römerhallen, Frankfurt/M.

1966 «Schweizer Photographie». Eastman Kodak Exhibition Hall, N.Y.

1967 «Man in Sport». The Baltimore Museum of Art, Baltimore.

1968 «Man in Sport». Gallery of Modern Art, N.Y.

«Man in Sport». Hemis Fair' 68, San Antonio.

1969 «Man in Sport». Art Institute of Chicago.

1973 «Unterwegs zum Paradies». Weltausstellung der Photographie. Stern-Pressehaus, Hamburg.

1974 «Photographie in der Schweiz von 1840 bis heute». Kunsthaus Zürich.

1975 «1. Internationale Triennale der Photographie Freiburg». Beitrag «Im Harem eines Hühnerstalls». Museum für Kunst und Geschichte, Fribourg.

«10. Internationaler Salon der Kunstphotographie», FIAP Bukarest.

1976 «Zehn Fotografen in Grenchen». Galerie Toni Brechbühl.

1982 «Wolken». Musée d'histoire naturelle, Fribourg.

1988 Wanderausstellung «Vision du Sport», photographies 1860–1960. Lyon, Paris, Lausanne.

Einzelausstellung / Exposition individuelle

1993 «Ein Bild der Schweiz» / «Une image de la Suisse». Musée de l'Elysée, Lausanne.

Niklaus Ramseyer

wurde 1949 geboren und wuchs in Winterswil bei Schüpfen im Bernerland auf. Nachdem er in Bern und London Englisch, Philosophie und Ethnologie studiert hatte, unterrichtete er bis 1975 Englisch an der Ingenieurschule Biel. In Biel erlernte er auch das journalistische Handwerk, half die zweisprachige Zeitung *Biel-Bienne* gründen und arbeitete für Radio DRS. 1980 kehrte er nach Bern zurück, wo er seither als Redaktor im Aussendienst den Posten eines *Tages-Anzeiger*-Korrespondenten für die Kantone Bern und Solothurn versieht. 1986 war er Mitherausgeber des Buches «Finanzaffäre im Staate Bern».

Né en 1949, il a grandi à Winterswil près de Schüpfen, dans la campagne bernoise. Après des études d'anglais, de philosophie et d'ethnologie à Berne et à Londres, il enseigne l'anglais à l'Ecole d'ingénieurs de Bienne jusqu'en 1975. A Bienne, il se familiarise aussi avec le métier de journaliste, participe à la fondation du journal bilingue *Biel-Bienne* et travaille à la radio DRS. De retour à Berne en 1980, il devient rédacteur externe au *Tages-Anzeiger* comme correspondant pour les cantons de Berne et de Soleure. En 1986, il a co-publié un ouvrage collectif sur l'affaire des «caisses noires» du canton de Berne.

Marcel Schwander

wurde 1929 in Netstal/GL als Bürger von Lyss/BE geboren. Nach dem sprachlich-historischen Studium in Bern und Paris war er Chefredaktor der *Seeländer Volkszeitung* sowie Stadtrat in Biel und bernischer Grossrat; seit 1968 wirkt er in Lausanne als Westschweiz-Redaktor des *Tages-Anzeigers*, Schriftsteller und literarischer Übersetzer. Werke: *Lobland*, Solothurn 1986; *Jura – Ärgernis der Schweiz*, Basel 1971; *Deutsch & Welsch*, Bern 1991; *Schweiz*, München 1991. Übersetzungen: Corinna Bille, Jacques Chessex, Georges Haldas u.a. Zahlreiche Auszeichnungen, darunter Berner Staatspreis, Ehrengabe des Kantons Zürich, Internationaler Jugendbuchpreis.

Né en 1929 à Netstal/GL, bourgeois de Lyss/BE. Après des études de lettres à Berne et à Paris, il a été rédacteur en chef du journal biennois *Seeländer Volkszeitung*, conseiller municipal à Bienne et député au Grand Conseil bernois. Depuis 1968, il travaille à Lausanne en qualité de rédacteur du *Tages-Anzeiger* pour la Suisse romande. Ecrivain et traducteur littéraire, il a publié notamment *Lobland*, Soleure 1986; *Jura – Ärgernis der Schweiz*, Bâle 1971; *Deutsch & Welsch*, Berne 1991; *Schweiz*, Munich 1991, et traduit, entre autres auteurs, Corinna Bille, Jacques Chessex, Georges Haldas. A reçu de nombreuses distinctions, dont le Prix de l'Etat de Berne, le Prix d'honneur du canton de Zurich et le Prix international du livre pour la jeunesse.

Cet ouvrage a été publié à l'occasion de l'exposition au musée de l'Elysée Lausanne.

Philipp Giegel
Ein Bild der Schweiz
Une image de la Suisse

Umschlagabbildung:
Im Ägeriseegebiet, Zentralschweiz, 1950

Couverture:
Près du lac d'Aegeri, en Suisse centrale

FotoFolie – Band 1
Herausgegeben von Esther Woerdehoff

FotoFolie – Volume 1
Collection dirigée par Esther Woerdhoff

Grafische Gestaltung / conception graphique:
Sandra Binder, Werner Jeker, Les Ateliers du Nord, Lausanne
Lektorat / lectorat: Benteliteam
Satz und Druck / Composition et impression:
Benteli Druck AG, Wabern-Bern

ISBN 3-7165-0894-2